FEUILLETS D'ÉPOPÉE

✠

LES INFIRMIÈRES

NOTES ET SOUVENIRS

PAR

MARIE DE SARDENT

(JACQUES DE LA FAYE)

(Au profit de la Croix-Rouge)

NICE
IMPRIMERIE DE L'ÉCLAIREUR
27, Avenue de la Gare, 27

1918

Prix : 1 Fr.

FEUILLETS D'ÉPOPÉE

LES INFIRMIÈRES

NOTES ET SOUVENIRS

PAR

MARIE DE SARDENT

(JACQUES DE LA FAYE)

(Au profit de la Croix-Rouge)

NICE
IMPRIMERIE DE L'ÉCLAIREUR
27, Avenue de la Gare, 27

1918

FEUILLETS D'ÉPOPÉE

Les Infirmières

Voici bientôt quatre années que dans le resplendissant ciel d'août, au-dessus des moissons blondes, ont retenti les sons lugubres du tocsin appelant aux armes tous les enfants de la France pour la défense de la Patrie.

...Ces clochers, d'où s'envolait le sinistre appel, combien hélas ! se sont effondrés sous les obus allemands !... Comme les héroïques soldats qu'elles avaient entraînés au-devant de l'ennemi, elles sont tombées au champ d'honneur, les cloches des humbles églises et des majestueuses cathédrales !
... Mais avant de s'éteindre dans le grand silence des ruines, leurs voix d'airain avaient fait surgir des légions de femmes, enrôlées volontaires de l'armée du dévouement : ce sont les infirmières.

Renonçant à leurs habitudes de bien-être, d'élégance, de douceur de vivre, elles sont accourues pour se consacrer au soulagement de nos soldats blessés et malades.

Il m'a été donné, tout au début de la guerre, de passer près d'un an dans un hôpital d'une petite ville du Limousin (1) et je n'oublierai jamais les longs jours au chevet de ces pauvres soldats... Ils arrivaient de Belgique et de la Meuse, exténués par la terrible retraite qui précéda la mira-

---

(1) Saint-Léonard.

culeuse victoire de la Marne. Plus tard, ils nous apportèrent les échos des combats de l'Yser et de la Champagne ; par eux nous connaissions les patientes attentes dans les tranchées, sous les obus et les balles ; les audacieuses reconnaissances, les affolantes charges à la baïonnette... et mon âme vibre encore à ces récits d'épopée...

Ces impressions, combien de femmes, de jeunes filles les connaissent depuis quatre ans qu'elles sont sur la brèche, apportant dans les hôpitaux, les ambulances, le réconfort de leurs douces paroles, avec les soins éclairés auxquels les ont préparées de consciencieuses études dans les dispensaires écoles, organisés par les associations de la Croix-Rouge dans tous les grands centres.

Le dispensaire modèle de la Société de Secours aux Blessés Militaires de la rue des Peupliers est légendaire ainsi que son éminente directrice, Mlle Genin. Près d'elle, d'innombrables infirmières ont acquis non seulement l'expérience professionnelle, mais le haut sentiment de la noblesse de leur mission, des austères devoirs qu'elle impose. « Servir en temps de guerre, leur disait-elle, c'est être un peu assimilé à l'armée. Quand un soldat arrive au régiment, que ce soit un fils de famille ou un fils de paysan, tout disparaît sous l'uniforme, il n'y a plus ni rang ni qualité ; les distinctions appartiennent à qui les gagne. Dès que vous avez revêtu la blouse d'infirmière, vous êtes toutes égales. Nous voulons que nos infirmières soient simples... »

Dès le lendemain du drame de Serajavo, lorsque grondaient les menaces du cataclysme qui allait bouleverser le monde, les Croix-Rouge commencèrent à préparer leur mobilisation et le 2 août 1914 trouva les équipes d'infirmières prêtes à partir.

Cette admirable institution a surgi du champ de bataille de Solferino. Comme le grain de senevé évangélique, la frêle semence de pitié et de miséricorde empourprée du sang des héros est maintenant l'arbre aux multiples ramures étendant son ombre secourable au-dessus de toutes les souffrances causées par l'horrible fléau de la guerre.

Le nom d'Henri Dunant, le créateur de la Croix-Rouge,

resplendira à travers les siècles au livre d'or des bienfaiteurs de l'humanité.

Jusqu'à lui l'administration militaire était seule à s'occuper du soin des blessés ; dans les ambulances et les hôpitaux, des sœurs de charité aidaient les infirmiers ; mais, au moment des grandes batailles, leur dévouement, si actif qu'il fût, ne suffisait pas à soulager toutes les malheureuses victimes des sanglants holocaustes.

De nationalité suisse, Henri Dunant était très occupé d'œuvres philanthropiques. Il se trouvait en Lombardie au moment où commençait la campagne qui allait être le berceau de l'indépendance italienne. Le soir du 24 juin, après une lutte acharnée, le drapeau de la France flottait victorieusement au-dessus de la tour de Solferino. Dans la pénombre du crépuscule, Henri Dunant parcourut l'immense théâtre de la lutte qui avait duré tout le jour, le cœur serré en entendant les plaintes, les cris des blessés appelant au secours et que leurs camarades et les infirmiers ne suffisaient pas à relever.

Hanté par cette atroce vision il revint à Genève, songeant au moyen d'atténuer les souffrances des blessés. Ce moyen, son ingénieuse pitié l'eut bientôt trouvé. C'était de grouper en un faisceau les bonnes volontés, les dévouements. Ce qu'un homme isolé ne pouvait faire, des associations le réaliseraient.

« Ces sociétés, disait-il, seraient ouvertes aux puissants de ce monde comme aux humbles, aux hommes comme aux femmes puisque nul ne peut se dire à l'abri des chances de la guerre. »

Napoléon III fut le premier parmi les souverains à donner son adhésion au projet d'Henri Dunant. Lui aussi, avait visité le champ de bataille de Solferino et l'impression d'épouvante qu'il avait ressentie alors et qui lui avait fait hâter la conclusion de la paix avec l'Autriche ne s'était jamais effacée.

Au mois d'octobre 1863, une conférence était organisée à Genève pour jeter les bases d'un accord international décidant que le soldat blessé n'est plus un ennemi mais un être sacré qui a droit aux soins de tous les belligérants et, sur la proposition d'un médecin italien, le docteur Palesciano, la conférence décida de réclamer auprès de tous les gouvernements d'Europe et d'Amérique la neutralisation, en temps de guerre, des blessés et de ceux qui les soignent. Moins d'un an après, le 22 août 1864, la convention était signée à Genève par les représentants des puissances européennes.

L'Association dont le comité central avait son siège à Genève prenait, comme signe de ralliement, le drapeau suisse en intervertissant les couleurs : la croix de pourpre sur le fond blanc. De là, le nom de Croix-Rouge.

La croix n'est-elle pas le perpétuel symbole de tous les sacrifices, de tous les dévouements !

La Croix-Rouge avait à peine deux années d'existence lorsque la guerre entre la Prusse et l'Autriche lui donna l'occasion de mettre en pratique sa belle devise : *Inter arma caritas.*

Puis ce furent les terribles jours de 1870-71. L'agression déloyale de la Prusse, notre France envahie, Paris assiégé ; le drapeau blanc à la Croix rouge flotta sur notre ciel en deuil.

Malgré le bienveillant appui donné par l'Empereur, la Société de Secours aux Blessés Militaires en était encore à sa période de formation lorsqu'éclata la guerre. En quelques jours, ses membres se multiplièrent, ce fut un enrôlement en masse ; brancardiers volontaires, les frères des écoles chrétiennes, le brassard au bras, s'en allèrent sous la mitraille relever les blessés et, dans les innombrables ambulances, les femmes prodiguaient leurs soins, rivalisant de dévouement avec les sœurs de charité.

Après la guerre, la Société qui avait fait ses preuves, prit un essor de plus en plus considérable sous l'active impulsion de son président, le comte de Flavigny. Lorsqu'il mourut en 1873, la direction de la Société fut confiée à un prince de la maison de Bourbon, Mgr le duc de Nemours. Le maréchal de Mac-Mahon lui succéda, puis le duc d'Aumale. Après eux, la Société eut pour présidents : le fils d'un des héros de l'épopée napoléonienne, Davoust, duc d'Auerlardt et le descendant d'une des plus vieilles familles de la

France monarchique, le marquis de Voguë. Lorsque celui-ci succomba, en 1916, sous le poids écrasant imposé à sa vieillesse, il fut remplacé par le plus ancien des vice-présidents, M. Louis Renault, un des des membres de la Cour permanente d'arbitrage de la Haye. C'était à son initiative que l'on devait le groupement sous un comité central des trois Croix-Rouge françaises. Brisé par les événements qui donnaient un si cruel démenti à son enseignement de droit international, M. Louis Renault mourut au mois de février 1918. C'est maintenant le nom légendaire du général Pau qui resplendit comme une auréole à la tête de la Société de Secours aux Blessés Militaires.

Depuis de longues années, les importantes fonctions de secrétaire-général sont remplies par M. Victor de Valence, à qui sont adjoints : le vicomte de Nantois, le marquis de Voguë, le comte Jean de Kergolay. M. Boutiron, le colonel comte Daru et M. François de Witt-Guisot apportent également leur précieux concours en qualité de secrétaires.

Depuis 1870, les femmes avaient été des membres trop actifs de la Société pour ne pas avoir un comité de dames. La présidence en a été donnée tour à tour à la comtesse de Flavigny ; à la princesse Czatoriska, l'une des filles du duc de Nemours ; à la maréchale de Mac-Mahon, à la duchesse de Reggio. C'est actuellement la comtesse d'Haussonville qui remplit avec un zèle inlassable et une admirable intelligence le poste de présidente, rendu si difficile par les terribles jours que nous traversons. Pour la seconder dans sa lourde tâche, la comtesse d'Haussonville a tout un état-major de femmes d'élite : la générale Voisin, Mme Paul Biollay, la marquise de Montebello, la générale Hervey, Mme Lyautey sont les vice-présidentes ; Mmes Péan et Nélaton, les actives secrétaires de ce comité des dames dont les efforts incessants ont permis aux infirmières de remplir la sublime tâche qu'elles se sont données.

En tête de ce livre d'or du dévouement, il faut inscrire les descendantes des rois qui ont fait notre France si grande, si glorieuse. La sœur de l'héroïque roi des Belges, Mme la duchesse de Vendôme a fondé à Cannes l'hôpital Saint-Jean dont elle et sa fille, la princesse Marie-Louise (1) ont été pendant tout l'hiver de 1914-1915 les infatigables infirmières. Maintenant c'est à Neuilly, à la porte de Paris, devenue ville du front, que cette Fille de France exerce sa mission de dévouement ; mais elle continue d'être à Cannes la Providence des hôpitaux Saint-Charles et Saint-Jean.

La princesse Marie-Josephe, la fille du comte de Caserte (2), est infirmière à l'hôpital Saint-Charles. Depuis le début de la guerre, cette descendante de Saint-Louis, suivant l'exemple de son lointain aïeul, prodigue ses soins aux blessés et aux malades. A Chantilly, la duchesse de Chartres dirige l'hôpital de Condé. Lorsqu'à la fin d'août 1914 les Allemands arrivèrent, elle sauva par son énergie la ville et le château du pillage. C'est la duchesse d'Aoste qui est à la tête des services de la Croix-Rouge italienne.

A côté de ces princesses de la maison de Bourbon, nous ne saurions oublier deux des femmes dont les noms resplendissent d'un séculaire éclat dans notre histoire.

La duchesse de Rohan a transformé en hôpital le bel hôtel qui était, avant la guerre, la Maison des Poètes.

Son admirable charité n'a pas éloigné d'elle le calice des mères douloureuses, mais son cœur meurtri par la mort de son fils aîné, frappé dans une reconnaissance ne s'est pas refermé au contact de la souffrance et la Bonne Duchesse, comme on l'appelle au pays de Bretagne, refoulant ses larmes, continue à être la douce consolatrice de ses blessés.

C'est son petit-fils, le duc de Chevreuse, que pleure Mme la duchesse d'Uzèz ; elle aussi demeure debout au pied de la croix, dirigeant avec un zèle infatigable l'hôpital organisé par elle dans le magnifique château de Bonnelle, où les rois et les reines venaient prendre part aux chasses à courre dont elle était l'intrépide maître d'équipage.

Là-bas, sur les rives grises de la Mer du Nord, dans le pays de Flandres qui n'est plus qu'un immense charnier, la reine des Belges, vivant symbole de la patrie palpitante et meurtrie mais qui ne veut pas mourir, se tient tout près de

---

(1) Elle a épousé en 1916 le Prince Philippe de Bourbon-Sicile.
(2) Le frère du roi de Naples François II.

la ligne de feu, sans souci de la mitraille et des bombes incendiaires. Agenouillée sur la paille sanglante, la royale infirmière prodigue ses soins aux blessés, se penche sur les moribonds, endormant leur cruelle agonie avec les sublimes Espérances de l'Au-Delà.. Si mince, si immatérielle dans ses blancs vêtements qu'elle semble un messager céleste, l'Ange béni des suprêmes consolations.

Tandis que la Petite Reine prodiguait ses sollicitudes aux défenseurs du dernier lambeau de son royaume, dans sa capitale écrasée sous la botte allemande, Miss Edith Cawell se faisait la consolatrice, la providence des blessés des premiers combats livrés en Belgique. Pour ses malheureux vaincus se joignait à toutes les souffrances physiques, la torture morale d'être livrés à la tyrannie de l'envahisseur et Miss Edith Cawell, comprenant cette intolérable torture, facilitait les évasions de ceux que ses soins avaient rendus à la vie, sans songer à quelle vengeance elle s'exposait. Cette vengeance fut impitoyable... Dénoncée, Miss Cawell fut condamnée à mort et quand, défaillante, elle tomba comme le Sauveur sur le chemin du Golgotha, il se trouva un officier pour achever la douce victime !

Presque au même jour, une infirmière française, Mme Gay-Lussac, trouvait la mort au chevet de blessés allemands. Malgré les révoltes de son âme, elle avait accepté de les soigner, se souvenant du sublime pardon du Christ pour ses bourreaux ; oublieuse du danger, elle se pencha sur un moribond, respirant son souffle empoisonné : le lendemain elle expirait dans d'atroces souffrances...

Je n'entreprendrai pas de rappeler le souvenir de toutes les infirmières qui ont succombé victimes de leur dévouement, ce serait un long martyrologe. Cependant je veux évoquer l'ombre charmante de Geneviève Hennet de Gouttel. Avant la guerre, elle écrivait des poèmes exquis, tout palpitants d'idéal. Le premier appel de la mobilisation la fit accourir à la Société de Secours aux Blessés pour solliciter un poste à l'avant et, lorsque s'organisa le service d'ambulance pour la Roumanie, elle demanda à en faire partie. Quand arriva le moment de la relève, elle refusa de rentrer en France. « Je n'ai pas assez travaillé pour revenir encore.

Je me suis toute confiée à la Providence. Je ne suis plus que la petite chose de Dieu, prête à tout ce qu'il voudra de moi. »
Et Dieu voulut cette idéale petite chose pour son Paradis. Atteinte par le typhus, Geneviève Hennet de Gouttel mourut en disant : « J'offre mes souffrances pour le rachat de la France bien-aimée ».

Parmi les infirmières tombées au champ d'honneur, je ne saurais oublier une héroïne russe, Mme Gourko (1), l'une des plus récentes victimes de la barbarie allemande.

Elle avait, comme les princesses des contes de fées, trouvé dans son berceau tout ce qui fait la joie de la vie : fortune, naissance, beauté, les dons de l'intelligence et le charme de l'esprit.

Les premières guerres des Balkans, avant-courrières du cyclone qui bouleverse le monde, allaient transformer l'âme de la jeune femme. Emue de pitié en songeant à toutes les souffrances des blessés, elle voulut les soulager, désertant les salons dont elle était la reine, pour les salles d'hôpital où elle apportait comme un dictame, sa grâce incomparable. Lorsqu'éclata la révolution russe, le prestige exercé par l'infirmière sauva le général Gourko de la fureur maximaliste ; contraints à s'exiler, les proscrits vinrent en France où ils reçurent le plus sympathique accueil.

Navrée de la honteuse défection de sa patrie, Mme Gourko sollicita l'honneur de soigner aux avant-postes les soldats français et c'est à son ambulance, que le 27 mars dernier, l'éclatement d'un obus est venu la jeter dans l'Eternité avec ceux dont elle était l'ange gardien.

Une miraculeuse protection sauva d'une mort semblable Mlle Reboulley. Elle avait été envoyée en Belgique aux premiers jours de l'invasion. L'ambulance dont elle était infirmière-major, devint bientôt le point de mire d'une des grosses pièces qui bombardaient Dunkerque. Le médecin-chef avertit les infirmières des dangers auxquels elles étaient exposées.

« Merci, Monsieur le major, de nous traiter en soldats, répondit Mlle Reboulley, comme eux nous ne déserterons

---

(1) Née Martinoff. Elle avait épousé en premières noces le Comte Kamarovsky, qui fut gouverneur de Varsovie.

pas ». Et malgré les terribles rafales, toute l'équipe resta à l'ambulance où arrivaient jour et nuit les blessés, pendant la seconde bataille d'Ypres. C'est sur cette ambulance que les Allemands déchaînèrent, pour la première fois, leur infernale invention des gaz asphyxiants. L'on se décida alors à la transporter à Steinward.

Mlle Reboulley avait été très grièvement blessée ; à peine rétablie, elle demanda à être envoyée à l'armée d'Orient. Le champ était vaste pour le dévouement des infirmières dans ce pays au climat meurtrier, et vos cœurs, Mesdames, battraient d'une intense émotion si le temps me permettait de vous transmettre les échos de cette page superbe de notre épopée où la Croix-Rouge de vos infirmières resplendit d'un si magnifique éclat.

La reine Marie qui rivalise de vaillance avec la reine Elisabeth n'avait pas attendu que la Roumanie se jette dans l'effroyable mêlée pour s'occuper des blessés et des malades et, sous son impulsion, des trains sanitaires pour leur rapide évacuation, furent admirablement aménagés.

Dans le mémorial des efforts accomplis en faveur des martyrs de la plus injuste des guerres, nous ne saurions oublier Mme la princesse Ourousoff, la fondatrice à Nice de l'hôpital Russe où les officiers français ont trouvé, depuis les premières batailles, les soins les plus éclairés et la plus large des hospitalités.

Saluons aussi la Croix-Rouge américaine ; sa générosité sans limites a rendu, depuis les premiers jours de l'effroyable guerre, d'immenses services à notre chère Patrie et ses infirmières étaient venues se joindre aux nôtres, bien avant que les fils de la libre Amérique, se souvenant de Lafayette et de ses compagnons d'armes, aient traversé l'Océan pour venir au secours de la France envahie. Beaucoup d'entre elles, comme un si grand nombre d'infirmières françaises, ont payé de leur vie leur dévouement pour les blessés et les malades.

C'est à l'initiative d'une femme, Mlle Clara Barton, que l'on doit la fondation de la Croix-Rouge américaine. Pendant la guerre de Sécession, elle avait été douloureusement frappée de l'insuffisance du service sanitaire. Après bien des déboires, sa persévérance finit par triompher de tous les obstacles et le 6 mars 1882, l'association générale de la Croix-Rouge était établie par un décret du Sénat. « Lorsque la grande guerre éclata, la Croix-Rouge étendit énormément son champ d'action ; le nombre de ses contributeurs de 225.000 qu'elle comptait, lors de la déclaration de guerre des Etats-Unis à l'Allemagne, s'est élevé à 23.000.000 ; et 100.000.000 de dollars furent souscrits. Actuellement, la Croix-Rouge est une vaste organisation d'environ 3.000 travailleurs, (sans compter les infirmières) s'occupant de secours civils aussi bien que militaires. La dernière campagne pour une souscription de fonds aux Etats-Unis rapporta plus de 170.000.000 de dollars.

« Plus de 7.000 infirmières sont actuellement au service de la Croix-Rouge américaine. Une campagne est en cours aux Etats-Unis afin de recueillir, pour le service de l'armée, 20.000 infirmières et aide-infirmières. »

Le Canada, lui aussi, s'est souvenu des vieux liens de race qui les attachent à la France ; il a envoyé vers l'ancienne mère-patrie ses fils et ses filles.

La lointaine Australie ne s'est pas désintéressée de cette France qui tient si héroïquement le drapeau de la liberté du monde. On ne saurait assez redire les ardentes sympathies qu'ont fait naître la sublime résistance de nos soldats, le cruel martyre subi par nos provinces écrasées sous la ruée allemande mais demeurant comme la Belgique, indomptable, enveloppées de l'auréole de ceux qui luttent pour le droit et la justice. Cet hommage de pitié et d'admiration doit être un réconfort pour les courages qui seraient tentés de défaillir sous la longue épreuve. Il faut savoir attendre avec une patiente énergie l'heure inéluctable de la victoire et de la délivrance.

Cette pitié de l'Australie pour la France meurtrie et glorieuse n'a pas été stérile. Nous avons reçu des millions par l'entremise de la ligue franco-australienne. La fondation de cette ligue a une origine touchante ; elle a pris naissance dans le cœur d'un petit enfant comme ces fleurs d'orangers, aux pétales immaculés, d'où sortent les beaux fruits d'or.

Il y avait à Sydney, au début de la guerre, un groupe de Françaises qui attendaient anxieuses les rares nouvelles. Les hommes étaient partis par les premiers paquebots.

Un jour, deux d'entre elles s'entretenaient des souffrances de leurs malheureux compatriotes, se demandant comment on pourrait les soulager. Délaissant ses jouets, un enfant de cinq ans les écoutait ; tout à coup, il se jeta dans les bras de sa mère en disant : « — Je veux donner mes souliers neufs aux petits Français. »

— Mais, mon petit, tu as besoin de tes souliers, répondit la mère.

— Eh ! bien, expliqua l'enfant d'un ton décidé, j'ai huit sous, je les donnerai.

Ce fut un trait de lumière pour Mlle Soubirou. Avec les sous des petits et des humbles on réunirait des millions. Les grands fleuves ne se forment-ils pas avec des milliers de ruisselets ?... Sans perdre un jour, l'ardente française alla trouver le premier ministre, M. Holman. Elle lui exposa la situation lamentable des pauvres populations chassées de leurs villages, sans abri, sans pain, presque sans vêtements ; elle dit l'héroïsme de nos soldats contenant, presque seuls encore, la formidable poussée allemande et ce que l'hiver, tout proche, allait ajouter à toutes ces détresses. Sa démarche obtint le plus sympathique des accueils et marqua le point de départ d'un mouvement de générosité qui, depuis, ne s'est jamais démentie.

« Pour provoquer ce mouvement, on organisa une grande réunion, où M. Holman lui-même prit la parole, représentant la France comme le défenseur suprême de la liberté, et, dès Noël 1914, la Ligue franco-australienne était officiellement constituée. Quelques jours après, elle recevait du premier ministre 125.000 francs : c'étaient de jolies étrennes.

« Il y eut, à la Bourse de Sydney, une réunion de banquiers et d'hommes d'affaires, où parla Mlle Soubirou. Son patriotisme et son cœur lui inspirèrent de tels accents qu'elle arracha des larmes à tout son auditoire ; dans ces hommes d'argent, elle avait découvert la fibre restée sensible et trouvé, pour l'émouvoir, les mots qu'il fallait dire.

« De tous côtés, l'argent afflua. Il s'agissait maintenant

d'organiser : Mlle Soubeirou avait à Londres une amie, Mme Brosier de Thuy, qui, non contente de s'y dépenser pour la Croix-Rouge française, voulut bien accepter d'être, entre la Ligue franco-australienne et la France, « l'agent de liaison » qui recevrait et répartirait les envois.

« Par grandes masses, on acheta laines et tissus de toute espèce pour confectionner chaussettes, tricots, pièces de pansements, vêtements de réfugiés, lingerie d'hôpital, etc.

« Ceux qui n'avaient pas d'argent, donnèrent leur temps et leur travail, prélevant, pour cela, sur leurs heures de repos ; des hommes apprirent à coudre à la machine, afin de travailler, eux aussi, pour la France.

« Toutes les classes sociales se confondaient dans un même amour pour notre pays.

« L'arrivée en France des volontaires australiens augmenta ce courant de sympathie. L'héroïque bravoure et la crânerie de nos soldats les enthousiasma ; le tranquille courage de nos femmes les remplit d'admiration ; les souffrances des petits enfants les émurent profondément.

« Ils envoyèrent chez eux leurs impressions et les lettres portèrent dans les villes, les villages, les campagnes d'Australie, avec les nouvelles du cher absent, l'amour de la France. Plus on la connaissait, plus on désirait la soulager et l'aider.

« Un journal illustré très répandu, le *Sydney Mail*, se fit l'actif propagateur de la ligue Franco-Australienne. De tous les points de l'Australie, de la Nouvelle-Zélande, des îles du Pacifique, les offrandes affluèrent. La plupart étaient accompagnées de lettres touchantes, comme celle que signait « Un vieil écossais, assez vieux pour avoir compris que la vraie religion du Christ est de venir en aide à ceux qui souffrent. Dieu bénisse les petits enfants de France !... »

« Oh ! comme ce doit être beau d'être Français, écrivait un écolier. »

« Le 14 juillet fut consacré dans toute la Nouvelle-Galles du Sud, à une « Journée Française » dont la préparation se fit par une collaboration étroite de toutes les associations ou œuvres de guerre déjà existantes. La Croix-Rouge australienne invita tous ses groupes à ne pas s'occuper d'autre chose pendant trois semaines et à réserver pour la France, non seulement le travail de ses ouvroirs pendant ce temps, mais encore le produit de ses souscriptions.

« La réussite de cette journée dépassa les espérances : on recueillit 6 millions. Et comme le représentant de la France en exprimait sa reconnaissance, il reçut de l'un des organisateurs, M. Neville-Neyman, cette belle réponse, prononcée en Français :

« ...Vous avez bien voulu remercier le comité des efforts qu'il a faits dernièrement à l'effet de secourir la détresse qui règne dans certaines parties de la France en conséquence de cette guerre qui embrase le monde. Notre pays reconnaît la dette de gratitude immense, profonde, infinie que nous devons à la France, au sacrifice de ses femmes, à la « fortitude » de la population civile, à l'héroïsme de ses vaillants soldats, qui ont affronté et affrontent encore des dangers et des calamités inouïs avec un courage qui a fait palpiter le cœur du monde entier. Notre pays est convaincu que c'est sur le sol français que se décidera la destinée des nations civilisées... Ça a été pour nous un privilège sacré de travailler pour soulager les souffrances des blessés français, des femmes et des enfants... Je vous prie d'accepter l'expression de notre affection pour la France, et l'assurance de notre admiration pour sa vaillante armée qui a, depuis le commencement de la guerre, combattu et saigné pour la cause de la justice et de la civilisation. »

« A leur tour, les infirmières australiennes se sont embarquées pour la France ; vingt sont parties de Sydney, au grand désespoir des chirurgiens, car leurs longues et sérieuses études en avait fait des aides très expérimentées. Elles ont apporté, de la part du Jockey-Club de Sydney, un don de 25.000 francs, qui a été renouvelé.

« La Croix-Rouge française n'a pas reçu moins d'un million de l'Australie, sans compter la très large part qui fut faite en argent et en vêtements aux formations sanitaires françaises de Salonique.

« Mlle Soubeirou est maintenant, en France, déléguée de la ligue Franco-Australienne dont elle a été la fondatrice. Cette dévouée intermédiaire de la générosité de nos amis inconnus sera auprès d'eux l'interprète de la reconnaissance émue de tous les cœurs français. »

Sur les rives ensoleillées que la Méditerranée baigne de ses flots d'azur, dans les paisibles vallées du centre de la France comme à travers les landes de Bretagne, le hideux fantôme de la guerre n'apparaît que dans le lointain ; pour comprendre tout l'héroïsme de nos soldats, leur sublime endurance, nous allons suivre quelques-unes de leurs infirmières sur les plages embrumées de la Mer du Nord, dans les plaines dévastées de la Champagne et de l'Ile-de-France, autour de Verdun. « Dans ces régions si proches des lignes de feu, m'écrivait Mme Baraduc Muller, infirmière-major d'un des hôpitaux d'Epinal, l'ambiance est vibrante ».

Cette ambiance trempe les âmes féminines, leur donne à l'heure du danger, et Dieu sait si elle sonne souvent ! l'intrépidité, le sang-froid du commandant de vaisseau veillant au salut de son équipage.

Le drapeau blanc à la Croix-Rouge, qui flotte au-dessus de nos hôpitaux ne les protège pas, et ils sont constamment le point de mire des artilleurs allemands.

En 1917, un des hôpitaux de Bar-le-Duc fut impitoyablement bombardé. Son infirmière-major, Mme Norris, dont la société de Nice avait admiré la beauté aux jours heureux d'avant-guerre, s'occupa du sauvetage de ses blessés avec un calme superbe, « inspirant à tous le courage dont elle était animée ». Comme elle parle admirablement allemand, elle se fit impérieusement aider par les prisonniers. Après avoir mis ses blessés en lieu sûr, elle s'occupa des malheureux qui se trouvaient dans le voisinage de son hôpital et fit retirer des décombres trois vieillards et des femmes. Le général Conneau rendit hommage à l'énergique infirmière en lui donnant la Croix de guerre devant les troupes assemblées (1).

Le même hommage de reconnaissance et d'admiration

---

(1) Mme Norris est l'arrière petite-fille du général Baron Decouz, mortellement frappé à Leipzig. Son frère a été tué sous Verdun en 1916. Son père a repris du service malgré ses soixante ans. Sa mère est infirmière à l'hôpital Buffon.

a été rendu à Mme de Meyronnet Saint-Mars par le général de Boissoudy, commandant la 7ᵉ armée. Le 18 mai 1918, il lui remettait solennellement la Croix de guerre avec palmes en rappelant les magnifiques états de service de cette jeune femme qui, depuis le mois d'août 1914, n'a pas quitté le front. D'abord infirmière à Charleville, l'invasion la conduit à Reims où elle s'occupe de l'évacuation des blessés. Les Allemands arrivent, et, il ne faut pas laisser tomber entre leurs mains cruelles nos pauvres soldats, elle quitte la ville par le dernier train et, après une véritable odyssée, arrive à Paris. Elle entre au Val de Grâce au service des grands blessés. Ce sont les vainqueurs de la Marne, leur héroïsme a libéré Reims, l'énergique infirmière voulut y retourner. L'hôpital, installé dans l'antique abbaye de Saint-Remy, est dans la trajectoire des artilleries françaises et allemandes ; les obus s'entrecroisent et les infirmières sont sans cesse sur pied pour le sauvetage des blessés. Leur courage et leur sang-froid leur vaut une citation à l'ordre du jour. Mme de Meyronnet Saint-Mars y est spécialement nommée « pour son dévouement et son entière abnégation ».

Une pleurésie qui mit sa vie en danger l'obligea à quitter son poste. A peine remise, elle entra à l'hôpital militaire du Panthéon.

« Techniquement instruite, dit le professeur Janselme, elle sait allier aux qualités féminines un véritable esprit de guerre. » Ces qualités professionnelles, cet esprit de guerre la désignent pour diriger et organiser un hôpital d'armée et, au mois de juin 1917, elle est envoyée dans l'Est. « Elle y remplit ses fonctions d'infirmière principale, écrit le docteur Fisher en demandant pour elle la palme d'or, avec une sûreté, une délicatesse admirables. Très active, toujours la première, elle donne un bel exemple à celles qu'elle est appelée à diriger. »

Comme Mme Norris, Mme de Meyronnet Saint-Mars avait un frère dans l'effroyable mêlée ; le dévouement héroïque des deux jeunes femmes ne leur fut pas une sauvegarde et, Jean de Fontaine comme Pierre Decouy ont été parmi les victimes du sanglant holocauste.

Quand survinrent, avec la soudaineté d'un cyclone, l'invasion déloyale de la Belgique et l'attaque brusquée vers Paris, les Croix-Rouge réalisèrent des miracles pour remplir leur mission de secours aux blessés ; mais combien de services durent être improvisés... Des inspectrices furent envoyées pour en hâter l'exécution. Une d'elles, la comtesse de Lallemand, a mérité par son activité, son zèle, la Médaille de la reconnaissance nationale ; des trains sanitaires furent organisés ; on créa des cantines dont M. Georges de Beaulieu fut un des actifs initiateurs. Ces cantines sont installées au bord des routes, sur le passage des troupes partant pour l'attaque et, nuit et jour, elles leur distribuent des boissons réconfortantes.

A côté des hôpitaux des villes du Front, il y a maintenant des ambulances volantes allant au-devant des blessés ; on les appelle dans le langage elliptique adopté par l'administration militaire des *autos chir*. Deux automobiles, dont l'une est une salle d'opérations, se transportent d'un point à un autre avec leur équipe de 4 ou 8 infirmières.

Il y a aussi le service *H. O. E.*, ce qui veut dire *hôpital opératoire d'évacuation*. Ces hôpitaux sont de grandes baraques en bois, pouvant contenir de 600 à 2.000 lits. On y opère immédiatement les blessés avant de les envoyer dans les hôpitaux de l'arrière ; mais les jours de grande offensive, les blessés arrivent en masse et les infirmières ont la douleur de les faire coucher sans draps, sur des paillasses, avec de misérables couvertures jetées sur leurs membres sanglants.

C'est dans ce proche voisinage des lignes de feu que nous allons suivre quelques-unes de nos infirmières. Voici un fragment de lettre qui met en pleine lumière le magnifique patriotisme qui les anime.

« ...Tu juges si nous sommes fières et heureuses ! Aller vers l'action, se sentir utiles, vivre vraiment de la vie de l'armée, partager ses peines et un peu de sa gloire, n'est-ce pas une splendide vie !..

« Il faut que je sois à la hauteur de ma tâche et, pour me donner confiance, j'ai toujours présente cette belle lettre écrite par mon pauvre père en septembre 1915, à la veille de l'offensive de l'Artois... « *Sursum corda*, très chère fille. Il est très certain que ton activité, ton intelligence, tes capacités seront à la hauteur de la tâche à laquelle tu t'es dévouée si ardue qu'elle puisse devenir. Ménage tes forces pour les faire durer plus longtemps. Espérons que bientôt tu viendras te reposer *après la victoire*... » Tu le vois, c'est presque un testament qu'il m'a légué par ces mots : après la victoire. Donc, je dois encore combattre le bon combat, et tu sais avec quelle ardeur, quel enthousiasme, j'accomplis mon devoir de Française. Je sais que pour toi, c'est aussi de la beauté que les faits de guerre et la lutte à outrance ».

Au moment de cette offensive de l'Artois, la Société de Secours aux blessés militaires avait organisé une ambulance à Zuydcoote, entre Dunkerque et Ypres, dans un ancien sanatorium créé par un médecin allemand ; une des ces nombreuses emprises de notre sol où se préparait, avant la guerre, l'odieuse invasion. La reine des Belges vint plusieurs fois visiter l'hôpital de Zuydcoote où se trouvait, parmi les grands blessés, Boulanger, l'un des héros de Dixmude, cette splendide page de nos annales, que nos fusiliers marins ont écrite avec leur sang.

Au printemps de 1916, l'équipe dont faisaient partie Mlles de Beaulieu et de Laqueuille, fut envoyée à Vadlaincourt, « un petit hameau meusien aux maisons de terre grise se détachant sous un ciel gris, sur la longue ondulation des Hauts-de-Meuse. »

Vadlaincourt est à quatorze kilomètres de Verdun L'équipe y arriva le 22 mars, le jour de la reprise du fort de Vaux, dont la magnifique défense immortalisera à jamais le nom du commandant Raynal.

Les infirmières furent vite installées dans le grenier à foin qui devait leur servir de dortoir. Rien n'est plus inconfortable que ces installations du front ; un lit étroit, sans sommier, avec un matelas de varech dur et humide, des draps grossiers, de propreté douteuse, des couvertures raides et lourdes qui écrasent sans réchauffer ; mais peu importe aux infirmières. Comme les sœurs de charité dont elles ont la sainte abnégation, l'incomparable dévouement, elles ont d'avance accepté toutes les privations, tous les sacrifices, même celui de leur vie pour concourir au soulagement des défenseurs de la Patrie. Le blessé est l'être sacré pour l'amour duquel l'infirmière fait tout, se résigne à tout.

Le réduit des infirmières à Vadlaincourt sera une fournaise en été, une glacière en hiver ; le vent et la pluie passeront à travers la toiture mais, par la lucarne qui l'éclaire imparfaitement, elles assisteront, toutes palpitantes d'enthousiasme, aux splendides défilés de guerre, avec les superbes silhouettes de nos soldats, pareilles aux rudes gravures de Raffet ; les traits sculptés, la barbe longue. « Comment décrire l'impressionnante grandeur de ces défilés de guerre, s'étendant le long de la route, parfois sur plusieurs kilomètres de longueur, ils se déroulent comme deux fleuves coulant en sens opposés. Celui qui monte vers les lignes, vers la lutte terrible et glorieuse ; celui qui en descend avec ses vides douloureux, ses deuils inoubliables.

« Un jour, une petite infirmière devait traverser la route ; elle n'osait rompre le défilé sacré. Soudain, un bras se lève, le flot infini suspend quelques secondes sa course et la petite infirmière put traverser en vivant le plus bel instant de sa vie.

« On n'est pas à la guerre sans doute, ajoute Mlle de Laqueuille, mais c'est une vie d'union et de communion avec la guerre. On entend le canon tonner : C'est à Fleury ! C'est au Mort-Homme !... C'est à la Côte du Poivre !... On sait par les blessés l'heure, la minute des attaques d'infanterie. »

Un soir, à dix heures, un coup à notre porte. — Que voulez-vous ? — Mon chemin. — Qui êtes-vous ? — Je suis porteur de plis et je vais à Verdun. » Nous lui indiquâmes la route et longtemps, dans la brume, nous le suivîmes du regard...

Ce bref dialogue ne fait-il pas songer à nos Chansons de Gestes ? Les enfants de la terre de France n'ont pas changé, et nos soldats sont bien les descendants des Paladins de Charlemagne.

Pour entretenir ce feu sacré de l'héroïsme, Dieu est là,

dans une petite chapelle en planches. Bien avant l'aube, les messes s'y succèdent, dites par les prêtres soldats ou infirmiers. Les prières de la Messe sont plus émouvantes encore lorsqu'elles ont, pour les accompagner, au lieu des harmonies de l'orgue, la voix tonnante des canons aux jours des grandes préparations d'artillerie. Un drapeau sert de confessionnal. La chapelle de Vadlaincourt, ouverte à tous les vents, était si glaciale qu'il y eût des jours où le Précieux Sang gela dans le Calice !...

Le dépôt des morts est à côté de la chapelle. La dernière veillée de ceux qui sont tombés comme des épis mûrs pour la défense du sol sacré de la Patrie, se passe à l'ombre de la cabane où Dieu réside.

« Chaque jour, à 9 heures, l'humble convoi quittait la morgue. Le chiffre le plus élevé fut de 58 morts en 24 heures.

« Le char, une petite voiture de ravitaillement, attelée de deux chevaux, drapée des trois couleurs et derrière, en galoches, la soutane relevée, l'aumônier militaire, l'abbé Roitel, précédé du petit Clergeon en tablier noir, monte par le chemin boueux vers le cimetière. Cimetière du Front, où toutes les croix sont pareilles. Une des premières porte *inconnu* avec la date du 21 février. Ils sont tous là, couchés côte à côte, à même le sol qu'ils ont défendu. La cérémonie est d'une grandeur antique. Le corps rigide dans le linceul est posé sur le sol, des pierres sont disposées tout autour puis la terre. Ils semblent moulés dans le sol reconquis.

« La caractéristique de ces ambulances du Front est de n'être jamais achevées. C'est à l'infirmière qu'incombe le soin de tout organiser ; non seulement elle fait les pansements, veille au régime, au bon ordre de la salle, mais elle est tour à tour menuisier, tapissier. Elle doit tout faire presque avec rien, sans se plaindre ni ennuyer personne. Elle accomplira des merveilles d'industrie pour donner à la salle dont elle à la charge une note presque d'élégance. Des couvre-lits en cretonne claire, toute fleurie, cacheront les rugueuses couvertures ; des feuillages garniront les encoignures, artistement disposés, dans des douilles de 75. C'est une joie pour l'infirmière de trouver quelques fleurs épanouies au milieu de cet horrible chaos, pour égayer les pauvres regards enfiévrés, leur donner comme une vision du foyer lointain.

L'une d'elles trouva au pied du lit d'un blessé atteint de gangrène, et que la mort avait emporté soudainement, cette carte postale écrite d'une main tremblante.

« Ma chère maman,

« Me voici sorti de mon trou boueux, comme ton cœur de maman serait heureux de me voir couché dans un bon petit lit blanc, avec des couvre-lits tout fleuris, et tant de fleurs dans la salle, cela berce ma souffrance. »

Que de touchantes manifestations de reconnaissance à évoquer, tel ce mot d'un blessé à son infirmière.

« Sous vos petites croix rouges battent de grands cœurs ! » Et combien d'émouvants souvenirs. La mort si belle du maréchal des logis Courtois dictant, en pleine connaissance de son état, cette lettre sublime dans sa simplicité.

« Mon cher papa,

« Tout va bien, nous avons repoussé l'ennemi, nous avons combattu le bon combat. »

Un pauvre petit de 19 ans, dans le délire de son agonie, fit assister ses infirmières à tous les détails de l'attaque, de sa voix haletante il jetait ce cri : « Chefs de sections, à vos pièces ! En avant ! Pour la France ! »

Un jour, un poilu arriva accompagné de son chien, un très beau chien de berger. Tous deux, par une curieuse coïncidence, avaient été blessés par le même obus et tous deux avaient une fracture de l'omoplate. Le chien portait comme son maître la fiche rose de blessé évacuable. Il subit, comme son maître la piqûre anti-tétanique et fut hospitalisé et soigné dans le même service.

Souvent, surtout par les mauvais temps, des pigeons voyageurs venaient s'abattre à l'hôpital et les infirmières réchauffaient et soignaient ces petits messagers ailés qui arrivaient tout frissonnants du fracas de la bataille.

Souvent aussi, malgré la vigilance de nos aviateurs, les grands vautours allemands venaient par les soirs de clair de lune planer au-dessus de Vadlaincourt ; alors, les infirmières se levaient pour veiller sur leurs blessés et, de leurs doigts qui tremblaient un peu, elles égrenaient leur chapelet, se remettant, elles et les martyrs de la Patrie dont elles avaient la garde, entre les mains de la Providence.

La magnifique mission que se sont donnée les infirmières ne se borne pas au soulagement des souffrances physiques ; elle fait entendre aux âmes les sublimes accents du *sursum corda*. Auprès de celui que ses soins incessants peuvent guérir, l'infirmière est l'Espérance ; auprès de celui qui va mourir, elle remplace la mère, l'épouse, la fiancée. Penchée sur le lit d'agonie, elle recueille les derniers mots, les derniers gestes, pour les transmettre à la famille ; d'une main pieuse elle ferme les pauvres yeux qui vont s'ouvrir aux resplendissantes lueurs du paradis, ne laissant à personne le soin de la toilette funèbre ; elle accompagne le mort à sa dernière halte à la chapelle, le suit jusqu'au cimetière où, parfois, elle viendra apporter quelques fleurs avec une prière, gardant à celui qu'elle n'a pû sauver une place dans son cœur. Puis, reprenant sa sérénité, elle revient près des autres lits de souffrance continuer sa tâche de consolatrice. « Que de suprêmes confidences elle recueille, que d'angoisses elle calme, que de désespérances elle apaise toute pénétrée de sa mission sainte ; elle n'aura qu'une crainte, ne pas laisser couler avec assez d'abondance le flot de sa pitié sur ces pauvres êtres qui souffrent et meurent pour la Patrie ».

Au mois de juillet 1916, l'offensive de la Somme dégage Verdun. Le 4 août, c'est la reprise de Fleury. Voici le vibrant récit de ce soir de bataille.

« Nous avons assisté à l'attaque du haut de la colline. Le ciel était sombre ; par un curieux phénomène fréquent dans cette région, c'était alors la zone de silence et c'était d'autant plus saisissant : les grandes lueurs de combats, les fusées rouges indiquant d'allonger le tir de l'artillerie, les fusées blanches donnant le signal de l'attaque d'infanterie.

« Le 2 octobre, je partais en permission, après cinq mois consécutifs à Vadlaincourt. Le 24, une dépêche me rappelait en toute hâte et j'arrivais pour la reprise de Douaumont. Pendant le trajet, dans le camion militaire qui me ramenait de Bar-le-Duc, le canon ne cessa de tonner puis, tout à coup, ce fut le calme. Rien n'est plus impressionnant que ce silence, annonçant le déclanchement de l'attaque.

« Le 1er novembre, ce fut la reprise du fort de Vaux. Je vois encore ma salle le lendemain. Tous tirailleurs, régiment colonial du Maroc, 4e zouaves, ayant tous trois ou quatre citations. Avec quelle fierté je les ai présentés au Général en chef, je me sentais enveloppée d'un peu de leur gloire !... Je le vois encore, s'arrêtant devant le lit de Jean Chazat, une fine tête de calabrais, et saluant en lui un des braves entré des premiers dans la citadelle immortelle.

« Je me souviens aussi de ce trait du général Pétain. Ayant oublié de lui signaler un de mes grands blessés, j'eus l'audace de lui écrire. Le lendemain il revint lui-même me remettre le billet de 100 francs donné par lui à chaque amputé ou grand blessé. Avec son regard clair et froid, on comprend le prestige qu'il exerce sur ses hommes ; on sent en lui un chef.

« Par un précieux privilège, il nous avait été donné d'aller en pélerinage à la ville héroïque, presque à la veille de cette attaque. Je voudrais pouvoir évoquer la beauté saisissante de la ville meurtrie, avec ses remparts à demi écroulés, la ruine entière de ses quartiers et les paroles de l'Evangile du dimanche après la Pentecôte me revenaient à l'esprit :

« *Comme Jésus approchait de Jérusalem, en voyant la ville, il pleura sur elle disant « Il viendra des jours malheureux pour toi et tes ennemis t'environneront de tranchées. Ils t'enfermeront, te presseront de toutes parts et te renverseront toi et tes enfants et ils ne te laisseront pas pierre sur pierre...* »

« Un bombardement sur le faubourg Nasi nous arrêta dans la cathédrale et je vois toujours, par la terrasse de la Fermeté, d'où nous dominions toute la vallée, une rose rouge... ! au loin le fort Tavannes, la cote du Poivre, puis le défilé des petits ânons avec leurs grandes hottes de jonc jaune allant porter le ravitaillement aux troupes de première ligne... »

Au mois d'août 1917, la haine sauvage de nos ennemis prit pour cible l'ambulance de Vadlaincourt. Le 20, des bombes incendiaires firent un grand nombre de victimes. Parmi elles se trouvait une infirmière, Mlle Vandamne, tuée net par la première bombe avec le blessé qu'elle soignait. Le bombardement recommença dans la nuit du 4 au 5 septembre. Plusieurs infirmières furent grièvement blessées, entre autres la comtesse de l'Espinois qui succomba le 9 septembre. Mlles de la Mairie, Poitel et Oyat furent longtemps entre la vie et la mort (1). Le médecin Morris avait été tué ainsi qu'un aide-major.

Les mêmes impitoyables rafales allaient anéantir également l'ambulance dont Mlle Yvonne de Baye était l'infirmière-major. Cette fille de poète a voulu vivre la sublime épopée consacrant sa fortune à la création d'un hôpital, puis un train pour l'évacuation des blessés et d'une auto-chir.

Pendant l'été de 1917 elle avait assumé la direction de l'ambulance de Dugny, au sud de Verdun.

Elle avait avec elle quelques religieuses et un groupe de jeunes filles dont le dévouement rivalisait avec le sien. C'est à l'une d'elles que nous devons le récit de ces heures terribles.

Dès les premiers jours du mois d'août, les gros canons allemands et autrichiens commencèrent à tirer sur l'ambulance de Dugny ; malgré le danger, les infirmières demandèrent à rester. L'attaque était imminente et, en demeurant près de la ligne de feu, elles pouvaient secourir plus vite les blessés. Le 18 août, le général Guillaumat, commandant la 2ᵉ armée, vint visiter l'ambulance et complimenter les infirmières de leur intrépidité. Aussitôt après son départ le bombardement redoubla d'intensité ; trois pièces tiraient sans interruption. Comme on redoutait des obus asphyxiants ordre fut donné de descendre dans les tranchées et de mettre les masques. Les infirmières, toutes très jeunes, obéirent gaiement, réconfortant leurs blessés par leurs jolis sourires, rayons de soleil au milieu de l'effroyable orage ; cependant,

---

(1) Mme de Lespinois reçut la croix de chevalier de la Légion d'honneur et ses vaillantes compagnes la croix de guerre.

l'une d'elles, ne parvenait pas à maitriser son effroi, Mlle de Baye s'en aperçut; détachant son casque, elle le lui tendit, elle n'avait pas achevé ce geste charmant qu'un 240 tombait sur la tranchée, la bouleversant de fond en comble, ensevelissant sous ses décombres blessés et infirmières. Des artilleurs accoururent à leur secours. Le sauvetage dut s'opérer sous une incessante pluie d'obus qui dura trois heures.

Parmi les morts se trouvait l'infirmière à laquelle Mlle de Baye avait donné son casque. La courageuse infirmière-major gisait sans connaissance, la tête ensanglantée ; on désespérait de la sauver. Quelques jours plus tard, le Président de la République et ses ministres vinrent avec le général visiter les survivants de l'ambulance de Dugny et apporter à Mlle de Baye la Croix de la Légion d'honneur. Guérie presque par miracle, la vaillante jeune fille, à peine convalescente, venait retrouver les survivantes de Dugny à l'ambulance de Montboivon qu'allaient bientôt survoler comme des vautours les avions allemands. C'est dans cette ambulance que Mlles Bourdeau, Bouché, Lacavalerie, Viriat-Lotimer gagnèrent leur Croix de guerre.

Au printemps de 1917, une équipe fut envoyée à Prouilly, un petit village de la Marne. On était à la veille de l'offensive de Champagne. Merveilleusement préparée, cette offensive aurait été l'aube de la victoire décisive, si l'élan superbe qui entraînait nos troupes sur les pentes du Chemin des Dames, à l'escalade du plateau de Moronvilliers et des collines de Sampigneules, n'avait été entravé par d'infâmes trahisons.

L'ennemi, averti des plans d'attaque, était sur ses gardes et la vague formidable qui devait le repousser vers la frontière se brisa contre d'infranchissables obstacles.

« Ce sont les souvenirs sombres de ma vie d'infirmière, m'écrit une de mes amies, je n'avais connu que les troupes toutes vibrantes de leurs succès près de Verdun, j'allais assister au flux énorme de la défaite. Pendant les trois jours qui suivirent l'attaque notre ambulance qui contenait 2.500 lits reçut 13.500 blessés ; on les couchait sur des brancards, entre les rangées des lits, et puis hélas il fallut les étendre sur de la paille dans des baraques imparfaitement closes...

« C'était vraiment la marée de la misère humaine qui

monte et nous submerge. Au dehors, le vent et la pluie faisaient rage ; nous faisions tous nos efforts pour procurer à ces malheureux qu'on amenait transis, mouillés, des boissons chaudes.

« C'est une vision d'horreur tragique. Pour ne point servir de point de repère à l'artillerie allemande, il n'y avait aucune lumière dans l'ambulance. Nos lampes électriques faisaient jaillir une lueur pour la piqûre anti-tétanique, puis tout rentrait dans le noir sinistre... »

Malgré ces précautions, les bombardements se multipliaient ; pour protéger les blessés et leurs infirmières, des Annamites creusaient hâtivement de profonds abris ; mais la rage allemande ne donna pas le temps de les achever. Dans la nuit du 6 juin le bombardement fut d'une violence inouïe ; faisant un nombre considérable de victimes, parmi lesquelles se trouvait un pauvre infirmier-prêtre revenu la veille de permission. On ne retrouva de lui qu'un main intacte !... La position devenait intenable. Le médecin-chef donna l'ordre d'évacuation générale. A midi, l'hôpital de Prouilly, à moitié en ruines, était désert.

Après ce lamentable printemps, l'équipe volante sera appelée, au début de l'automne, à faire partie de la VIe armée qui allait, sous les ordres du général Maistre, exécuter la splendide offensive de l'Aisne. Cette fois ce n'est plus la désolation qui enveloppe l'ambulance, mais une radieuse atmosphère de victoire... C'est le chant de l'alouette gauloise qui retentit clair, triomphal à travers cet admirable paysage du Soissonnais qui donne si bien l'impression de la *doulce France* chantée par nos vieux poètes.

Au-dessus de l'immense ambulance établie près du village de Vasmy, des avions survolent et, quand vient la nuit, les infirmières suivent du regard le scintillement des télégrammes optiques, comme l'Etoile bénie qui menait les bergers et les Mages vers Bethleem, priant le Dieu des armées que cette Etoile guide nos héroïques soldats sur les rudes, mais glorieux chemins de la victoire.

Quelles saisissantes visions nous donnent ces lignes écrites d'une main hâtive :

« L'église de Vasmy, un bijou de l'architecture normande,

à moitié en ruine, était toujours remplie de soldats en prières. Les chasseurs de la division Brissaud, les Diables bleus comme les appellent les Allemands, récitaient le chapelet à haute voix. Le soir ils montaient vers la Malmaison. Nous eûmes l'honneur de les soigner. Ma baraque était au bord de la route, conduisant à la Malmaison. Je vois et j'entends toujours ces troupes d'attaque, le 21e corps, montant le 23 octobre en chantant. « — Les bicots, dirent mes soldats, l'attaque est pour cette nuit ».

« Les bicots, ce sont les coloniaux. Les longues files, dans le brouillard du soir, nous saluaient en passant...

« L'entrain des troupes était si irrésistible, si magnifique, qu'elles auraient reconquis Laon sans la débâcle d'Italie ».

Au mois de novembre, avant la relève de l'ambulance, le général Pétain voulut la visiter. Il inscrivit son nom sur le tableau d'honneur des infirmières, les admirant comme des fleurs exquises tombées des jardins du Paradis, pour apporter à l'humanité douloureuse et meurtrie un rayon du ciel.

Oui, saluons avec enthousiasme ces femmes qui sont l'honneur de la France, Donnons-leur sans compter non seulement l'obole qu'elles demandent pour mettre un peu de bien-être autour de leurs blessés, mais l'or de nos cœurs, notre admiration et notre amour ; et quand viendra le jour béni de la délivrance, ce sang généreusement versé par nos soldats resplendira, tels d'étincelants rubis, sur la Croix-Rouge des infirmières.

L'INFIRMIÈRE

2 août — La guerre éclate et tonne
Comme un coup de foudre brutal ;
Alors, l'infirmière abandonne
Son foyer pour son hôpital.

Vous vous la rappelez à l'heure
Du premier choc qui vint toucher
Dans nos villes et nos demeures
Chaque cœur et chaque clocher.

Elle avait, sous sa blouse blanche,
Un cœur battant à coups pressés,
Une âme grave qui se penche
Vers la fatigue des blessés :

Depuis c'est la lutte tenace
Du Mal avec le Dévouement,
Car l'infirmière a pris la place
D'une sœur ou d'une maman.

Aux instants mauvais, quand vient l'heure
Où quelque mourant doit partir,
La petite infirmière pleure,
Elle ne peut pas voir mourir.

Comme elle doit donner l'exemple,
Rester calme devant la mort
Sans que sa voix ou sa main tremble
Elle essaie un très grand effort.

Mais sa jeunesse n'est pas faite
Pour ces longs débats anxieux,
Et parfois, en tournant la tête,
Elle va s'essuyer les yeux.

Elle avait bien monté la garde
Auprès de ce pauvre endormi
Et maintenant qu'elle regarde
Son visage maigre et blémi.

Ainsi qu'on fait une prière,
Agenouillée au bord du lit,
Elle sanglote, l'infirmière,
Mon petit, mon pauvre petit !

O France, terre de lumière
D'où jaillissent les beaux élans,
O notre France en pleurs, sois fière
De l'âme de tous tes enfants.

Aux jours prochains de la victoire,
Puisse le beau ciel de la gloire,
Voir réunir sous sa clarté,
Nos soldats héros de la guerre,
Et, tout près d'eux, les infirmières,
Leurs humbles sœurs de charité.

Claire Virenque.

www.ingramcontent.com/pod-product-compliance
Lightning Source LLC
Chambersburg PA
CBHW060720050426
42451CB00010B/1536